LES
CINQ TYRANS,

OU

LE PRESENT ET L'AVENIR.

J'ai vu l'impie adoré sur la terre,
Fouler aux pieds ses ennemis vaincus;
Je n'ai fait que passer, il n'étoit déjà plus.
Esther, Scène dernière. RACINE.

A PARIS.

1799.

LES CINQ TYRANS,

O U

LE PRÉSENT ET L'AVENIR

LES Français battus par les orages d'une Révolution funeste, ont vu s'écouler dix années de crimes et d'horreurs. — Quand l'autorité n'est plus dans les mains du Souverain légitime, elle devient l'inépuisable source des desirs de tous ceux qui peuvent s'en emparer. Nous avons vu des Mandataires infidèles détruire l'antique édifice de nos loix ; d'infâmes assassins épuiser leur rage sur de dociles esclaves ; de plus adroits scélérats se couvrir du masque de la modération pour usurper le pouvoir suprême, et Cinq Tyrans s'asseoir enfin sur le Trône de nos Rois ! ! ! !

Un Noble, indigne de sa naissance, qui passa sa jeunesse à faire rougir ses parens, qui, chassé d'un Corps respectable pour des motifs affreux, se traîna de la prison qui fut sa juste punition, dans des tripots où les fripons qui les fréquentent le trouvèrent plus fripon qu'eux. Féroce par caractère comme il le fut au cul-de-sac Dauphin, libertin effréné comme il l'est à Grosbois, il a promené sa honte dans les deux mondes. Il perd chaque jour sa raison, dont il ne connut jamais l'usage dans ces excès, qui mettent l'homme au-dessous des animaux.

Un misérable Alsacien, Avocat à brevet, défenseur habitué des causes verreuses de sa province, méprisé de tous ceux qui l'ont connu, d'une roideur et d'un entêtement, fruit d'une dévorante ambition, que rien ne justifie et que tout aigrit, basssment avare, comme le sont tous les parvenus, et ne voyant dans le Peuple qu'un vil troupeau dont il faut s'empresser de vendre la toison.

Un homme que la Nature a marqué de l'indélébile cachet de la nullité, audacieux pigmée dont les grimaces feroient rire, si ce grotesque Tribun n'avoit pas la soif du sang. Ennuyé d'être athée, il s'est avisé de croire en Dieu, pour l'outrager en fondant une secte aussi ridicule que son Chef.
Il puise dans l'amour paternel qu'il voue à ces sectaires, une inextinguible haine pour le Christianisme ; et ce petit Etre qui s'élève de travers à quelques pieds au dessus de la terre, a la manie de se croire un grand homme, et juge digne de mort tous ceux qui ne partagent point cette opinion qu'il a de lui-même.

Un Jurisconsulte dont les premiers pas dans la carrière dévoilèrent la noirceur. Il fut l'ingrat persécuteur du premier Ordre de l'Etat. Il ne s'est plus démenti. La morgue insolente, la méchanceté réfléchie, les basses vengeances de cet épais légiste, sont unies à la nullité des moyens en politique. Assis sur le fauteuil directorial, il se croit encore dans son cabinet, recevant, des plaideurs qu'il trahissoit, le prix de ses prévarications.

Un Flamand, dont le nom rappelle le crime; cet homme infecte, qui ne vit dans les Français que des bourreaux et des victimes, qui couvrit la France de ces cachots horribles où furent entassés le vieillard aux cheveux blancs, le foible enfant qui commençoit à vivre, le jeune époux et l'aimable compagne que l'hymen venoit d'unir à sa destinée. L'inventeur de ces prisons d'état, d'où la génération présente marchoit à la mort, ce monstre teint de sang, qui croit se ménager un abri en s'entourant des cadavres de ses victimes ! ! !

Français ! tels sont les hommes à qui vous laissez usurper l'héritage de cette famille antique, dont les vertus nous forceroient à chercher l'origine dans le ciel, si nous ne savions déjà que ces mêmes vertus y placèrent le Prince pieux dont elle est issue.

Elevé par le hasard, nourri dans la pratique des forfaits, sans autre système que celui de leur propre conservation, les Tyrans n'ont

vu dans les divers parties qui nous divisent,
qu'un moyen d'étayer leur usurpation du jour
où de l'état obscur qui les vit naître ils s'é-
lancèrent au faîte des grandeurs, ils renon-
cèrent à toute opinion politique; éblouis de
l'appareil qui les entoure, fiers des honneurs
flétrissans qu'ils s'arrogent, ces hommes de
boue marchent en souverain, et s'étonnent de
voir la pourpre remplacer leurs modestes
habits.

REGNER.   ASSERVIR.
Ces deux mots sont tout le secret de leurs
vues. L'idée d'alléger le poids des fers que
porte le Peuple, n'excita chez eux que le
sourire du mépris; mais ils crurent devoir
à leur position d'affecter une feinte douceur.
Long-temps chefs de ce parti turbulent qui
ne voit la liberté que dans un bain de sang,
l'égalité que dans le couteau fatal sous lequel
tombent toutes les têtes, ils sentirent la nécessité d'en modérer la dévorante ambition.
Ils parurent proscrire leurs anciens amis. Les
cris de joie d'un Peuple long-temps oppressé
effrayèrent ses oppresseurs. Les Tyrans ca-
ressèrent le monstre qu'un instant aupara-
vant ils avoient l'air de vouloir abattre. Ils
lui donnèreut à dévorer ce même Peuple,
dont ils osent se dire les amis. Les faiseurs de
Loix foulèrent aux pieds le Code qu'ils avoient

juré de défendre. Ils virent, sans se plaindre,
arracher de leur sein, précipiter dans les cachots, déporter sans jugement, ceux de leurs
Collègues qui parurent dangereux au Divan
du Luxembourg ; et, depuis cette époque,
esclaves soumis, ils se lévent, ils s'assoient,
ils parlent, ils se taisent à la volonté de leurs
MAITRES. Ils ont prouvé qu'il pouvoit y avoir
quelque chose de plus vil qu'un directeur, un
REPRESENTANT.

Cette secousse violente a remis les hommes
et les choses dans leur assiette révolutionnaire. Le Gouvernement oppresse, il se sou-
tient avec des bayonnettes, avec des fusil-
lades, comme autrefois Robespierre avec
l'échafaud et Carrier avec ses bâteaux à sou-
pape. Il conspire contre l'espèce humaine !
Pour ce Gouvernement infâme la Jeunesse
est un titre de proscription et la vie un arrét
de mort. Les Gouvernés s'indignent et mau-
dissent leurs oppresseurs. Chaque jour voit
diminuer le nombre ne leurs partisans. L'o-
pinion marche lentement, appuyée sur l'ex-
périence, et de sa main de fer creuse le
terrein sur lequel sont élevés les temples du
veau d'eau. Le besoin de calmer les agita-
tions d'un Peuple dont ils dévorent la subs-
tance, avoit placé le mot de paix dans la
bouche des Tyrans, comme le voleur qui

suppose que vous avez soustrait quelque chose à ses recherches, vous promet la vie pour s'assurer un nouveau larcin.

Les insolentes exagérations de nos ineptes Diplomates, et l'ascendant d'un homme de génie qui sent le besoin d'écraser l'hydre révolutionnaire, ont enfin rendus à la guerre les Nations outragées par ce Gouvernement perfide, qui voudroit porter par-tout le fer et la flamme !

La Révolution a des pieds d'airain qui brisent tout sur son passage ; les lieux qu'elle parcourt ressemblent à ceux que frappe la foudre, elle n'y laisse après elle que des débris et la mort.

Au fonds du Nord un Prince généreux s'arme ; la trompette guerrière retentit des bords de la Newa jusqu'aux rives de la Tamise. Quel est notre état intérieur au milieu de ses grands préparatifs qui n'ont que nous pour objet.

Sans loix qui puissent être observées, sans Religion qui réprime les passions, sans cette morale publique qui la remplace imparfaitement, livrés à tous les désordres, avillis à nos propres yeux ; la lassitude du changement est le partage de tous ceux que la Révolution avoit séduit ; un Gouvernement gigantesque sans moyens de faire le bien, tout - puissant

pour opérer le mal : des contributions qu'on
ne perçoit point, moins encore à cause de
leur énormité que parce que les contribua-
bles n'ont ni la volonté ni le pouvoir de les
payer ; notre marine anéantie ; nos Colonies
séparées de la métropole ; nos ports bloqués ;
la terre manquant de bras qui la féconde ;
le commerce détruit jusque dans ses racines ;
des défaites multipliées terminant cette lon-
gue suite de succés trop chèrement achetés
pour mériter ce nom ; la misère et la mort
remplaçant par-tout l'abondance et la vie ;
les accens de la douleur et du désespoir
s'élevant de tous les coins de l'Empire, et la
malédiction d'un grand Peuple appellant la
vengeance divine sur ceux qui le gouver-
nent. Tel est le tableau fidéle de notre situa-
tion présente. Portons nos regards plus loin
et réposons-les sur l'avenir.

Un mélange de liqueurs fortes s'agite, fer-
mente et brise le vase qui le contient. La
Révolution est ce vase que la fermentation
des factions doit faire éclater. Les Gouver-
nemens populaires, lors même qu'ils sont le
résultat de la volonté générale, finissent toujours par se perdre dans la Monarchie. Le
cours d'un fleuve est plus ou moins rapide,
il doit enfin porter à la mer le tribut de ses
eaux ; mais quand c'est une audacieuse mi-

norité qui, sans autre droit que la foiblesse
qu'on lui oppose, renverse le Gouvernement
établi, le règne des usurpateurs n'a pas de
base ; tout le menace de le voir prompte-
ment expirer. Dans un pareil ordre de choses,
ou le Gouvernement tolère, ou il opprime.
Est-il tolérant ? le Peuple s'anime par degré,
menace et frappe ceux qui l'ont asservi. Est-
oppresseur ? l'indignation publique est au
comble, une salutaire révolte en est le fruit.
Ainsi, ce Gouvernement marchant entre deux
écueils également dangereux, n'évite l'un
que pour se jetter sur l'autre, et son attitude,
tantôt fière, tantôt timide, indique son em-
barras ou révèle son impuissance. Cette position est celle de nos Gouvernans. Leurs
continuelles fluctuations, leurs hésitations pué-
riles leur ont toujours donné l'air de ces
hommes qui ont peur, et qui affectent de
parler haut pour persuader aux autres qu'ils
ont du courage. L'opinion faussée par de
vaines théories, est par - tout rétablie dans
son intégrité, et les Tribuns entendent la
voix de la vérité, leur dire : L'opinion a fait
la Révolution, l'opinion détruira la Révolution.

Quelles armes opposer à cette puissance
devant laquelle toutes les armes s'émoussent,
qui grossit en silence, s'avance sourdement,
et d'un cours impétueux entraîne tout ce qui

lui résiste ? On pouvoit craindre que la nécessité d'entretenir de grandes armées, la masse imposante de ces mêmes troupes ramenées dans l'intérieur à la paix, n'opposât à l'opinion un contrepoids déterminant. Mais où sont ces vieilles bandes de la Révolution, qu'un enthousiasme convulsif fit marcher à l'ennemi ? un million d'homme a payé de son sang ce premier instant d'ivresse. Du nord au midi la terre couverte de cadavres français ne laisse aux armées qu'un petit nombre de Républicains qui n'aiment plus un Gouvernement qui les trompa toujours. C'est avec des Réquisitionnaires et des Conscrits que vont se remplir les cadres, et dès que la Nation composera l'armée, l'opinion de l'armée sera celle de la Nation. Alors, n'en doutons pas, vingt-cinq millions d'hommes se lèveront contre une poignée d'obscurs brigands. Tel est l'inévitable effet que doit amener dans l'intérieur l'oppression actuelle. Les Gouvernans hâtent le retour à l'ordre par leurs criminelles rigueurs. La protection déclarée que la Russie et la Cour de Londres accordent au Souverain légitime, ne peut plus laisser aucun doute sur les vues ultérieures des Puissances européennes. Ne regardons pas en arrière ; et quand nous recevons un bienfait, ne voyons qu'un bienfaiteur dans celui qui le répand sur nous.

La pâleur de la crainte blanchit le front des coupables; mais le repentir n'est pas dans leur cœur. Ils craignent la honte, la nullité, le mépris qui va les envelopper; ils n'osent plus présenter à ce Peuple qu'ils ont si cruellement trompé, l'ensemble de leurs projets; mais ils cherchent à l'effrayer sur l'avenir : ils lui font craindre le ressentiment de son légitime Souverain. Ils parlent au Peuple des Emigrés et des Nobles : aux Gens du monde, des Prêtres : aux Révolutionnaires, des Magistrats : ils s'entourent des Acquéreurs des domaines nationaux, de tous ceux que l'intérêt ou la crainte attachent à l'ordre de choses actuelles. Français de toutes les classes, hommes de tous les partis, écoutez la raison, rendez-vous à son empire.

On vous parle des Emigrés; mais ces Emigrés ne sont-ils pas vos frères, vos enfans, vos amis ! N'est-ce pas pour eux que vous avez soustrait aux Tyrans cet or qui fut les soulager sur une terre étrangère ? viendra-t-il percer le sein de son vieux père, ce fils soumis qui ne demandoit à Dieu que de vivre assez pour le revoir ? Cet époux arraché des marches de l'Autel et désolé par un long exil, méconnoîtra-t-il une femme dont l'idée seule lui fit supporter ses peines ? Ces vieillards respectables seroient-ils les assassins de leurs fils ?,.... Ma plume se refuse à combattre d'aussi plats mensonges. Ah ! voyez plutôt de douces larmes couler de tous les yeux. Les Princes répandre de l'or...... les gens opulens ramener l'abondance, la confiance renaître, les arts rallumer leur flambeau, et le commerce ranimé s'élancer de la tombe sur le vaisseau qui va sillonner les mers. On vous parle des Nobles, eurent-ils jamais la morgue insultante de nos modernes *Marius*, nés dans la fange et gorgés de nos richesses ? n'est-ce pas en eux que vous trouviez des amis, des protecteurs ? se refusèrent-ils jamais au plaisir d'être utile, ou du moins leur aménité ne sut-elle pas adoucir toujours l'amertume d'un refus ? La Noblesse ne voit dans les Français qu'un Peuple qu'il est de son honneur, de son devoir de protéger. Elle ne conserve que le desir d'être encore utile à sa Patrie.

On vous parle des Prêtres : Ministres d'une Religion sainte n'ont-ils pas versé le baume salutaire de la piété dans vos ames désolées. Au fonds de ces retraites où votre foi vous a fait approcher des mystères sacrés vous ont-ils prêché la haine et la vengeance ? le pardon des injures étoit sur leurs lèvres comme il est dans leurs cœurs. Les palmes du martyreforment la glorieuse conronne de l'Eglise gallicane. Les martyrs meurent sous le fer homicide, et bénissent leurs bourreaux.

Ils vous parlent des Magistrats ! Impassibles comme la loi dont ils sont les organes, ils ne puniront que les délits et jamais l'opinion ; ils mettront un terme à ces réactions odieuses. provoquées aujourd'hui par nos Tyrans, que rien ne pourroit justifier sous l'empire d'une autorité légale. Placée entre le Trône et le Peuple, ils rappel'eront au Souverain, avec cette noble assurance qui fournit la meilleure preuve de la fidélité, que les pères ont le droit de juger les plaintes de leurs enfans, mais qu'ils se doivent de les écouter.

Ils s'entourent des acquérenrs des domaines nationaux ; mais ces hommes crédules peuvent-ils se fier aux promesses des Gouvernans, qui ne les ménagent que parce qu'ils ont besoin d'eux? Peuvent ils regarder comme légitimement acquis, des biens qu'ils ont soumissionnés à de vils prix? Ne sentent-ils pas que le Gouvernement, quel qu'il soit, leur en fera toujours payer la valeur s'ils veu-en demeurer maîtres (*,?

(*) On sent qu'il n'est ici question que des Acquéreurs de Biens nationaux de première origine. Des mesures de législation et de convenance peuvent valider leur achat, essentiellement nul dans son principe. Quant aux détenteurs des Biens des Emigrés ou Condamnés, ils ne peuvent être assimilés qu'aux voleurs. La Justice ferme les yeux sur eux lorsqu'ils restituent, pour éviter la plainte et le châtiment qui le suit.

Ces Tyrans, qui ne peuvent supposer, ni la clémence, ni la générosité, vous parlent enfin de votre ROI. Le descendant du grand Henri sera miséricordieux et sensible comme le fut ce ROI bienfaisant : voyez en lui votre Père, il n'a jamais cessé de vous regarder comme ses enfans. Il excuse vos torts : il ne se souvient de vos crimes que pour se promettre le plaisir de vous les pardonner. Ah! qu'il sera beau ce grand jour de paix et de réconciliation, où la Nation vraiment régénérée, viendra tomber aux genoux de son ROI! Les voûtes antiques de nos Temples retentiront des acclamations du Peuple, la joie sera sur tous les visages, elle sera dans tous les cœurs. Le ROI, qu'entouront les Princes de son Sang, viendra partager l'allégresse publique, et laisser lire la sienne sur son front serein. Les yeux se fixeront sur son auguste Frère (*), que la beauté de son ame fait régner sur les cœurs : sur ce Prince (**) dont l'inébranlable courage a fait rejaillir un nouveau degré de gloire sur un nom qui sembloit la rappeler toute entière. Près d'eux marcheront ces deux jeunes époux, l'espoir du Trône et de la génération qui va suivre la

______

(*) Monsieur, Frère de Sa Majesté Louis XVIII.
(**) Monsieur de Condé.

nôtre. Français, vous reverrez l'illustre Fille de L o u i s X V I, dont les vertus sont un heureux mélange de la céleste candeur du meilleur des Rois, et de la noble élévation de la Fille des Césars. Princesse chère à nos cœurs, vous sortiez du fonds des cachots, les assassins de vos Parens étoient autour de vous, et le premier regard que vous jetâtes sur les Français, fut un regard de bienveillance et de douceur. Puissiez-vous les voir un jour vous payer de tant de bienfaits par leur amour et leur soumission. Ainsi s'évanouissent ces craintes dépourvues de sens que les Tyrans voudroient faire germer dans nos ames.

Le salut de l'Etat tient à la conservation de ces formes antiques qui, venues de siècles en siècles, semblent tenir à l'éternité dont elles nous ont si long-temps offert l'image. Français, votre sort est en vos mains ! Ceux qui souffrent la honte, parce qu'ils le veulent, ne méritent que le mépris ; osez vous lever, et vos Tyrans tombent. Réunissez-vous sous l'étendard de l'honneur : déployez-en les enseignes sacrées ; et qu'aux cris mille fois répétés de VIVE LE ROI, nos oppresseurs sentent se briser dans leurs mains les fragiles armes dont ils nous menacent.

F I N.